AF232176

Couverture Inférieure_manquante

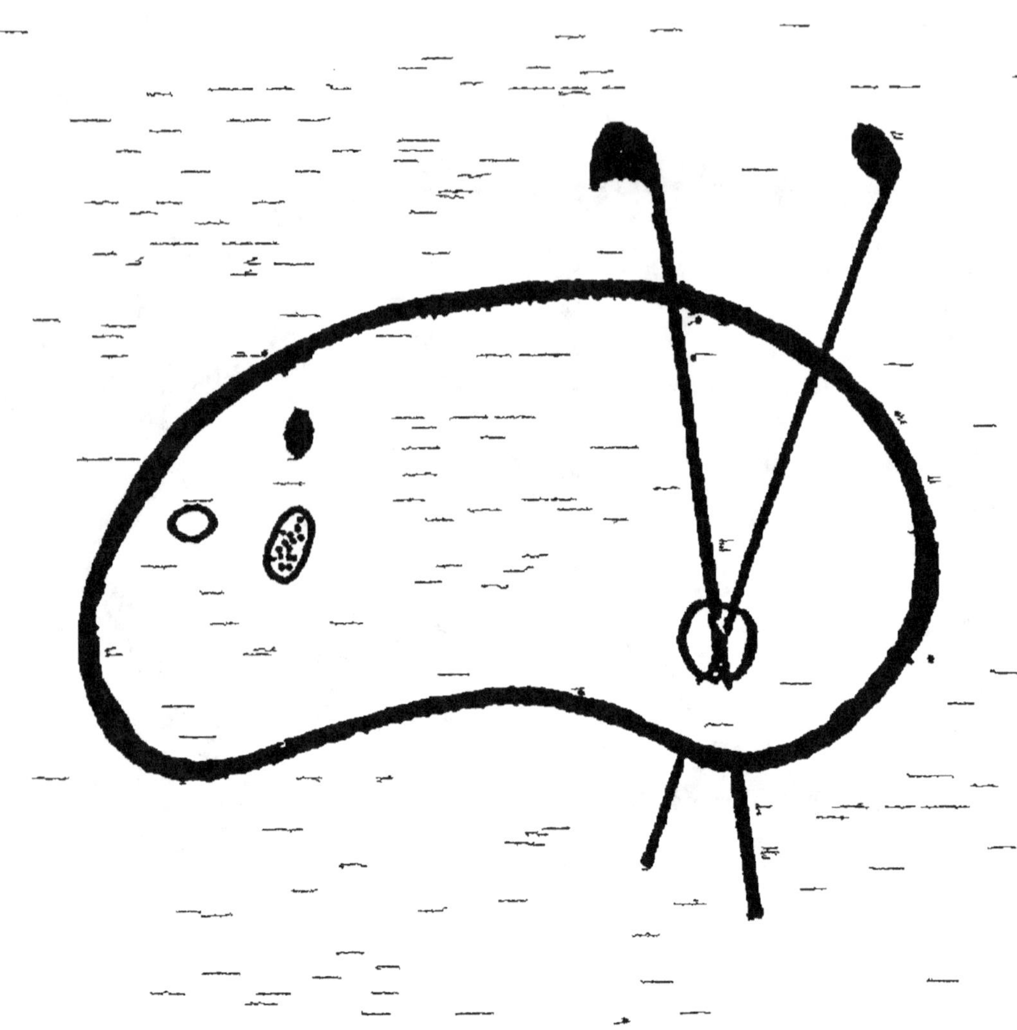

DEBUT D'UNE SERIE DE DOCUMENTS
EN COULEUR

CHOSES
COLONIALES

Réponse à la « Nouvelle Revue »

Par Al. ISAAC

PARIS

CHALLAMEL AINÉ, ÉDITEUR

Librairie Coloniale

5, RUE JACOB, 5

1884

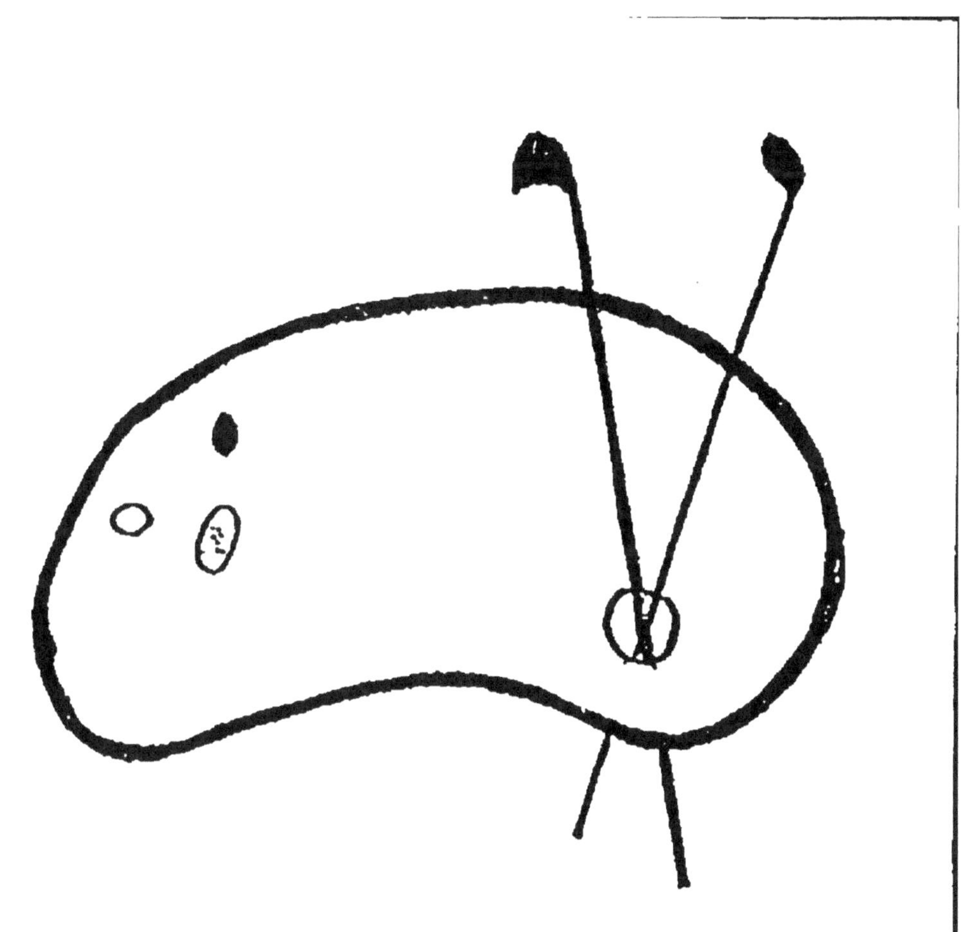

FIN D'UNE SERIE DE DOCUMENTS
EN COULEUR

CHOSES
COLONIALES

CHOSES COLONIALES

Réponse à la « Nouvelle Revue »

PAR AL. ISAAC

PARIS

CHALLAMEL AINÉ, ÉDITEUR
Librairie Coloniale
5, RUE JACOB, 5

1884

CHOSES
COLONIALES

Réponse a la *Nouvelle Revue*.

Paris, le 15 septembre 1884.

I

Les colonies et leurs habitants ont été, ces temps derniers, violemment pris à partie par certains organes de la presse parisienne. On a contesté leur aptitude à participer à la vie publique de la métropole, et oubliant, pour un seul moment, nous aimons à le croire, l'étroite solidarité qui a toujours existé entre les Français d'outre-mer et les groupes avancés du parti républicain, plusieurs journaux, dont on aurait pu attendre mieux, ont été jusqu'à nier l'utilité même d'une représentation coloniale.

Ces attaques avaient paru excessives ; mais elles avaient pu tout d'abord être mises sur le compte d'une mauvaise humeur dont nous ne voulons pas rappeler les causes.

Les critiques ne se sont malheureusement pas arrêtées là. Une publication importante, aussi estimée pour ses mérites littéraires et philosophiques que pour le pur esprit de libéralisme qui préside ordinairement à sa rédaction, s'est mise, plus récemment, à quereller à son tour les colonies au sujet de leurs institutions représentatives. Il ne s'agit pas, cette fois, d'un simple article hâtivement rédigé pour les besoins d'un journal quotidien; c'est dans la *Nouvelle Revue,* c'est par une étude en cinq parties, que M. Charles Giraudeau a entrepris de démontrer qu'il faut modifier radicalement les conditions de l'existence politique de nos possessions lointaines.

Nous nous permettrons d'exprimer l'avis que cette transformation, telle que la conçoit le collaborateur de la *Nouvelle Revue,* serait inique dans son principe, inefficace dans ses applications.

Les propositions que nous voulons discuter se rapportent principalement aux trois colonies dont l'organisation, au point de vue qui nous occupe, est la plus complète, c'est-à-dire à la Martinique, à la Guadeloupe, à la Réunion. C'est donc à celles-là surtout que s'appliqueront nos observations.

II

Le programme recommandé par M. Giraudeau se résume dans les points suivants :

1° Création d'un ministère des colonies;

2° Institution à Paris d'un conseil supérieur où chaque établissement serait représenté par un délégué, et qui aurait pour mission, soit d'examiner, en vue d'une ra-

tification à demander au chef de l'État, les actes des
pouvoirs locaux, soit de défendre auprès du ministère
les intérêts spéciaux des populations coloniales;

3° Suppression de la représentation directe au Parlement;

4° Substitution aux conseils généraux de conseils lé-
gislatifs, dont les décisions seraient soumises à l'approbation de l'autorité centrale;

5° Réorgani ation des administrations dans le sens
de l'autonomie;

A quoi il faut ajouter que le suffrage universel serait
d'abord aboli aux colonies, sauf à le remplacer ultérieu-
rement, s'il y avait lieu, par un suffrage censitaire, ou
même à le rétablir, plus tard encore, quand la nouvelle
législation aurait produit ses effets bienfaisants.

Cela nous ramène très loin. En 1833, vers la même
époque où une loi fixait les bases de l'organisation des
conseils généraux de la métropole, le gouvernement de
Juillet dota les plus anciennes et les plus importantes
possessions françaises d'une constitution où l'on trouve,
sauf ce qui a trait à la création du ministère spécial, le
principe de toutes les innovations proposées aujour-
d'hui. Une partie de l'œuvre de la première Révolution
allait être restaurée; les hommes libres d'origine africaine, après de douloureuses épreuves courageusement
supportées, étaient sur le point d'être réintégrés dans
leurs droits de citoyens. Il était nécessaire que l'organisation administrative et politique des colonies fût mise
en rapport avec leur nouvel état social. C'est alors qu'in-
tervint la loi du 24 avril 1833. Le régime inauguré par
cette loi fut libéral, il faut bien le dire, si on le com-
pare surtout à celui qui fait l'objet des préférences de

M. Giraudeau. Un conseil colonial, nommé par le suffrage censitaire, était préposé à la représentation des intérêts locaux. Les attributions de ce conseil, moins importantes, au point de vue financier, que celles des conseils généraux actuels, s'étendaient, en matière de réglementation, à des actes qui sont aujourd'hui de la compétence du chef de l'Etat. Le conseil statuait à cet égard, sur la proposition du gouverneur, par des décrets coloniaux qui étaient soumis à la sanction royale, mais qui pouvaient être rendus provisoirement exécutoires.

Il discutait et votait, sous réserve de l'approbation du roi, les budgets coloniaux, y compris même les dépenses dites de souveraineté, mais à l'exception de celles des services militaires, sur lesquelles il était cependant obligatoirement consulté. Le traitement du gouverneur et les dépenses de la justice et de la douane, bien que faisant partie du budget colonial, et soumis, par conséquent, au vote du conseil, ne pouvaient être modifiés que par le gouvernement. Au surplus, l'État garantissait, par des subventions, le fonctionnement des divers services civils.

L'assiette et le mode de perception des taxes étaient déterminées dans la forme des décrets coloniaux. Les droits de douane, compris dans le régime commercial, qui s'appuyait encore sur les restrictions réciproques du pacte colonial, restaient, toutefois, sous l'empire de la loi.

Les conseils coloniaux étaient autorisés à faire parvenir directement, par voie d'adresses, leurs doléances au chef de l'État. Deux délégués pour chaque colonie les représentaient à Paris, auprès des ministères.

Le mécanisme administratif créé précédemment par

les ordonnances de 1825 et 1827 était d'ailleurs maintenu ; seulement, aux anciens conseils généraux, dont les pouvoirs se bornaient à de simples attributions consultatives, le législateur de 1833 avait substitué, comme on vient de le voir, de petits parlements locaux vis-à-vis desquels chaque gouverneur, assisté de chefs d'administration, diminutifs des ministres responsables, remplissait, dans la limite de ses droits, l'office d'un chef d'État constitutionnel.

De la représentation au Parlement métropolitain, il n'était pas encore question.

L'autorité locale ainsi constituée était certainement beaucoup plus forte, beaucoup plus dégagée des liens d'une étroite subordination, qu'elle ne l'est à l'heure actuelle. Les gouverneurs, qui étaient toujours des officiers de l'armée de terre ou de mer, jouissaient d'un grand nombre de prérogatives, et notamment de pouvoirs extraordinaires qui ont paru, depuis, peu compatibles avec les principes du régime républicain.

La décentralisation n'allait pourtant pas, comme le voudrait aujourd'hui M. Giraudeau, jusqu'à l'unification, dans un cadre purement local, de toutes les administrations publiques.

On se souvient, aux colonies, des terribles conseils dont nous venons d'indiquer les attributions. Composés exclusivement des représentants de la grande propriété, ils formaient, dans un temps où cette grande propriété était insaisissable entre les mains de ses détenteurs, une oligarchie redoutable qui mit souvent en péril le pouvoir des gouverneurs, et qui alla même quelquefois jusqu'à méconnaître les droits de l'autorité centrale. C'étaient là querelles de puissants, qui n'intéressaient que médiocrement le peuple: le peuple était esclave, et les hommes nouveaux qui naissaient à la liberté n'étaient encore ni assez forts ni assez instruits pour revendiquer avec succès leur part d'influence dans la direction des affaires de leur pays.

Il faut croire que ce système ne fut pas jugé le meilleur qui pût être appliqué aux colonies, car le gouvernement métropolitain, 'fatigué des conflits auxquels il donnait occasion, finit par prendre le parti de restreindre les privilèges des conseils coloniaux.

La loi du 25 juin 1841 déclara que les recettes et dépenses des colonies feraient désormais partie de celles de l'Etat, et qu'elles seraient soumises à ce titre, à toutes les règles de la comptabilité publique de France. Elle les divisa seulement en deux séries: la première, comprenant les produits et les charges restant directement au compte de l'Etat, et sur lesquels les assemblées locales n'eurent plus à délibérer; la seconde embrassant les recettes et dépenses se rapportant au service intérieur, et dont la fixation fut abandonnée plus ou moins à l'appréciation de ces assemblées. La métropole se réservait notamment les revenus des droits d'enregistrement, de timbre, d'hypothèques et de greffe, des droits de douane, de navigation et de port; elle s'engageait à supporter, outre les dépenses des services militaires, celles du gouvernement, de la direction de l'intérieur, des administrations financières, des ports, des cultes, de la justice, de l'instruction publique etc.

Toutes les recettes et dépenses coloniales étaient portées chaque année au budget général, soit par voie d'inscription directe, soit par rattachement pour ordre. La métropole se trouvait ainsi chargée de faire face à tous les besoins des services coloniaux.

Cette législation ne donna satisfaction ni à l'Etat ni aux colons. On se plaignit bientôt, à tort ou à raison, des complications qu'elle introduisait dans la comptabilité ; et d'autre part, les conseils coloniaux, qui se voyaient dépouillés d'une partie de leurs prérogatives, ne manquèrent pas de faire entendre des protestations. Dans l'adresse que l'Assemblée de la Réunion rédigea à ce sujet, et dont le rapporteur fut M. de Villèle, conseiller colonial, on trouve, fait significatif, une déclaration formelle du principe de la représentation directe : « Si le pouvoir législatif, y est-il dit, n'a pas accordé « aux quatre principales colonies françaises d'être re- « présentées directement à la Chambre, droit qui leur « appartenait comme à toutes les portions de la France « continentale, c'est qu'il a considéré peut-être que « l'exercice souvent en eût été rendu illusoire par la « distance des lieux, par la différence de leurs mœurs « et de leurs besoins, par la nécessité de leur position « tout exceptionnelle ; mais enfin il les dota d'une insti- « tution représentative analogue à leurs droits, en har- « monie avec leur situation. »

On peut conclure de la citation qui précède qu'en 1842, à cette époque de réformes inachevées, l'absence d'une représentation des colonies au Parlement n'apparaissait déjà, même à des partisans déterminés de la tradition monarchique, que comme une concession faite à des nécessités transitoires qui devaient disparaître tôt ou tard devant les progrès des temps. Quoi qu'il en soit, la constitution modifiée par la loi de 1841 subsista jusqu'au jour où la Révolution de 1818 inaugura une autre ère, en faisant tomber les fers des esclaves, et en appelant à la vie politique 150,000 nouveaux citoyens. Cet acte, le plus grand qui se soit jamais accompli dans l'histoire coloniale, devait avoir des conséquences immenses. Quel que fût le régime réservé aux possessions françaises, il était évident qu'il allait être conçu en vue des besoins d'une démocratie, et qu'il devait avoir pour objet d'introduire à peu près complétement, dans des pays redevenus parties intégrantes du territoire national, les institutions et les lois de la métropole. C'est en effet, ainsi que l'a dit Stuart Mill, une des dispositions distinctives du caractère français, de ne pas reculer devant les conséquences d'un principe posé, et d'aller droit au fait, même en politique, surtout en politique peut-être, quand ce fait est la déduction logique d'une vérité constatée. Or, ce qui avait jusque-là séparé les colonies du reste du monde, ce qui y avait légitimé, suivant les casuistes de l'ancien régime, toutes les anomalies des législations d'exception, c'était l'esclavage. Cette cause d'inégalité étant abolie, il ne restait plus aucune raison de considérer les habitants des vieilles possessions désormais affranchies, autrement que comme des citoyens français soumis aux mêmes lois que leurs compatriotes du continent européen.

En vain disait-on que des hommes libérés de la veille auraient été peu aptes à exercer les droits politiques : ces hommes avaient vécu pendant des générations dans l'attente de la délivrance ; ils avaient entendu parler, dans leurs veillées du soir ou sur les champs de travail, d'une époque glorieuse où leurs pères étaient soldats sous les drapeaux de la France, et ils s'étaient préparés, par une longue initiation, à cette liberté que des bienfaiteurs dont ils connaissaient les noms redemandaient pour eux à la vieille Europe. D'ailleurs, si l'esclavage avait dégradé ses victimes, il n'avait pas moins dégradé ses adeptes, à qui il avait fatalement inspiré le mépris des lois les plus sacrées de l'humanité; les uns et les autres avaient vécu, sauf la différence des responsabilités, dans la même barbarie; les uns et les autres devaient être appelés à la même régénération. Ainsi le comprit le gouvernement de la République de 1848. Le suffrage universel, devenu la base du régime politique de la métropole, fut également appliqué aux pays d'outre-mer; les lois sur la liberté de la presse, qui devaient être abrogées plus tard, y furent promulguées; de même que des commissaires généraux avaient été institués pour faire exécuter sur tous les points du territoire continental, les décisions du nouveau gouvernement, un commissaire général, héritier des pouvoirs dévolus autrefois aux conseils coloniaux et aux gouverneurs, fut envoyé dans chaque colonie; les colonies enfin, considérées, dès lors, comme départements français, furent admises à se faire représenter par leurs élus dans la première assemblée de la nation; et quand fut rédigée la Constitution du 4 novembre 1848, un article de cette Constitution leur promit une loi qui devait les faire jouir de l'assimilation complète. C'est une chose digne de remarque que chaque fois que la République s'est fondée en France, elle a associé à son mouvement les parcelles éloignées de la grande patrie française, les a, pour ainsi dire, attirées à elle pour les faire entrer de plus en plus intimement dans l'unité nationale, tandis que les gouvernements monarchiques ont constamment tendu à les maintenir dans un état d'infériorité légale que n'a pas suffisamment compensé la protection quelquefois ombrageuse dont ils les ont couvertes. Ainsi s'expliquerait, à défaut même de toute autre raison, l'attachement très sincère et très profond dont la grande majorité des populations coloniales est animée pour nos institutions actuelles; ainsi se justifient, disons-le tout de suite, dussions-nous y revenir plus tard, ces préoccupations politiques que M. Giraudeau regrette, à tort, selon nous, de voir dominer dans toute élection locale. Servir avant tout et partout la République, telle est la première condition imposée à ceux qui sollicitent les suffrages de nos compatriotes d'outre-mer.

La République de 1848 n'eut pas le temps d'appliquer aux colonies un système régulier de gouvernement. L'Empire vint, et confisqua toutes les libertés. La représentation directe et le suffrage universel disparurent. La réaction fit son œuvre. L'esclavage ne rentra pas dans la loi, parce que la liberté acquise, suivant le vieil axiome romain devenu, par la force des choses, une vérité moderne, ne peut pas être révoquée; mais on y substitua un système de contrainte et de compression qui n'était pas fait, il faut bien en convenir, pour inspirer aux affranchis l'amour de ce travail de la terre où l'on prétendait les retenir par la puissance des règlements: c'est du décret du 13 février 1852 et de ses dérivés que nous voulons parler. Toutes les espérances qu'avait fait naître le retour de la République furent perdues pour longtemps.

Puis arriva la période d'organisation. Le sénatus-consulte du 3 mai 1854, applicable aux trois anciennes possessions, régla les conditions nouvelles du fonctionnement des pouvoirs coloniaux. La plus grande part de l'autorité fut confiée à un gouverneur qui reçut mission de veiller à l'exécution des lois et décrets, et de statuer, par des arrêtés, sur les matières d'administration et de police. Ce ne fut pas, comme on pourrait le croire, une mesure de décentralisation analogue à celle qui venait d'être réalisée en France par les décrets de 1852: les gouverneurs avaient eu, dans le passé, de bien autres attributions; c'était plutôt, sous la forme d'une vague définition de pouvoirs, une restriction, au profit du gouvernement central, de la liberté d'action des agents locaux. Les actes les plus importants de la vie sociale, tels que ceux qui se rapportent à l'état des personnes, aux différentes modifications de la propriété, à l'exercice des droits politiques, etc., furent placés sous la protection des sénatus-consultes, les plus solennelles des décisions d'Etat. Tout le reste fut réservé à l'Empereur, procédant par voie de simples décrets, ou de décrets rendus dans la forme des règlements d'administration publique.

Il est permis de supposer que l'intention du gouvernement de l'époque avait été de compléter l'œuvre dont il venait d'indiquer les contours, en statuant sur un grand nombre de matières restées encore en dehors de la législation, et à l'égard desquelles les autorités locales étaient désormais sans compétence. Mais les décrets qui devaient intervenir pour régler ces matières ne furent pas rendus, et c'est ainsi que les colonies se trouvèrent, en bien des cas, impuissantes à faire leur propre réglementation que l'État, qui en avait pris charge, ne leur donnait pas.

La représentation des intérêts locaux, au point de vue financier, était attribuée à un conseil général dont les membres étaient désignés moitié par le gouverneur, moitié par les conseillers municipaux, qui tenaient eux-mêmes leur nomination du gouverneur. Ce n'était même pas le système censitaire, qui n'exclut pas de la vie publique tous les habitants de la cité, et qui laisse du moins aux masses populaires l'espoir d'une élévation progressive; c'était la sélection arbitraire, l'étouffement de toute voix importune : l'Empire, qui se déclarait issu de la volonté nationale, et qui fit, pendant vingt ans, du suffrage universel un instrument de règne, disait nettement au peuple colonial qu'il ne participait pas à la souveraineté, qu'il ne constituait pas une réunion de citoyens, et qu'il n'avait pas à se mêler de la conduite de ses propres affaires.

Avec cela, on avait l'égalité, mais cette égalité dans la privation de tous les droits, qui n'a jamais servi, depuis les temps les plus reculés, qu'à fortifier le despotisme et qu'à consacrer l'influence de la faction la plus voisine des détenteurs du pouvoir.

Quant aux attributions des conseils généraux, elles consistaient à voter : les dépenses d'intérêt local, — les taxes nécessaires pour l'acquittement de ces dépenses et pour le payement, en tant que de besoin, de la contribution due à la métropole, à l'exception des tarifs de douane, qui restaient dans le domaine de la loi, conformément à la Constitution de l'Empire, — les contributions extraordinaires et les emprunts à contracter dans l'intérêt de la colonie.

Les conseils donnaient, en outre, leur avis sur toutes les questions d'intérêt colonial dont la connaissance leur était réservée par les règlements, ou sur lesquelles ils étaient consultés par les gouverneurs.

L'assiette et les règles de perception des impôts, y compris l'établissement de toute taxe nouvelle, étaient déterminées par des règlements d'administration publique, sans délibération propremeat dite des conseils intéressés.

Toutes les recettes propres des services locaux étaient attribuées aux colonies. Toutefois, les établissements dont les ressources contributives seraient reconnues supérieures à leurs dépenses, pouvaient être tenues de fournir un contingent au Trésor publtc.

Les dépenses se divisaient en obligatoires et facultatives. Le décret du 31 juillet 1855 donne la longue énumération des dépenses obligatoires que les assemblées appelées à discuter le budget ne pouvaient pas se dispenser de voter.

La part de l'État dans les charges coloniales était encore assez considérable : cette part comprenait, outre les dépenses des services militaires, celles d'un bon nombre de services civils, tels que le gouvernement, l'administration générale, la justice, les cultes, l'instruction publique, les ports.

L'État prenait enfin l'engagement de venir en aide, par des subventions, aux colonies dont les ressources ne suffiraient pas à couvrir leurs dépenses locales.

Les budgets et les tarifs arrêtés par les conseils généraux n'étaient valables qu'après avoir été approuvés par les gouverneurs, qui étaient autorisés à y introduire les dépenses obligatoires auxquelles l'assemblée locale aurait négligé de pourvoir, à créer des ressources pour l'acquittement de ces dépenses, à réduire les dépenses facultatives, à interdire la perception des taxes excessives ou contraires à l'intérêt général de la colonie.

Un comité consultatif était institué près du ministère de la marine. Ce comité se composait de quatre membres nommés par l'Empereur, et d'un délégué de chacune des trois colonies, désigné par le conseil général.

Ce système, dont on ne songerait sans doute pas aujourd'hui à conseiller le rétablissement, ne péchait certes pas par un excès de libéralisme. Sans parler même des garanties politiques dont il était la négation, il n'introduisait aucune innovation utile dans le mécanisme des institutions coloniales. Comme loi de délimitation générale des pouvoirs publics, il accumulait la presque totalité des attributions entre les mains de l'État ou de ses délégués, réduisant les représentants trop peu autorisés des intérêts locaux à un rôle subalterne et effacé; comme expression d'un régime écenomique, il maintenait les possessions françaises dans la sujétion de cet ancien pacte que M. Hubert Delille, sénateur de l'Empire, devait appeler plus tard « *un autre esclavage* », de ce pacte colonial que le temps et les progrès de l'industrie moderne avaient frappé de caducité dans une de ses conditions essentielles, et qui ne subsistait plus désormais qu'au détriment d'une des parties contractantes, les colonies; comme œuvre d'organisation financière, il arrêtait l'élasticité des budgets locaux, qui ne pouvaient plus être réglés d'après l'importance des besoins à satisfaire, en même temps qu'il aggravait les charges de la métropole, dont les subventions, par suite de l'insuffisance des revenus intérieurs, ne tardèrent pas à atteindre un chiffre d'environ neuf millions.

L'expérience fit ressortir tous ces vices aux yeux des plus prévenus. Une forte pression de l'opinion publique, tant en France qu'aux colonies, se fit contre l'œuvre du législateur de 1854. et le gouvernement reconnut la nécessité d'y ajouter quelques libertés. C'était le temps de la grande agitation produite par l'adoption du principe de la liberté commerciale ; les traités de 1860 venaient d'être signés. Les colonies, pays de production et d'échange, ne pouvaient évidemment pas rester en dehors de ce mouvement. Une loi du 3 juillet 1861 fit tomber d'abord ce qui subsistait du pacte colonial, en abolissant le marché forcé ; les possessions françaises obtinrent la triple faculté :

1° D'importer par tous pavillons toutes les marchandises étrangères admises en France, aux mêmes droits qu'en France ;

2° D'exporter les produits coloniaux à l'étranger sous tous pavillons ;

3° De se servir des navires étrangers concurremment avec les navires français pour les échanges entre les colonies et la métropole, la métropole et les colonies, ou les colonies entre elles.

Cette mesure fut accueillie par nos compatriotes d'au delà des mers comme un bienfait ; toutefois, elle ne donna pas naissance au grand mouvement commercial sur lequel on avait compté. Les colonies pouvaient désormais échanger leurs produits avec les pays étrangers ; elles en profitèrent pour aller chercher au-dehors, surtout aux États-Unis, des transactions plus faciles, un placement plus avantageux de leur principale denrée, le sucre. Mais cette facilité, bien amoindrie d'ailleurs par une législation douanière peu appropriée aux besoins des pays auxquels elle s'appliquait, ne détruisit pas l'effet de la concurrence que la production coloniale devait rencontrer sur tous les marchés du monde : l'invasion du sucre de betterave avait porté une atteinte profonde à la prospérité des vieilles possessions; ces possessions restaient pauvres, et la métropole n'échappait pas à la nécessité de leur distribuer des subsides. C'est surtout pour faire cesser les effets de cette responsabilité, il ne faut pas qu'on l'oublie, que le gouvernement impérial se décida à introduire dans la Constitution coloniale de nouveaux et plus importants changements.

De même que les idées anglaises avaient amené l'application en France du régime de la liberté commerciale, elles conduisirent à l'adoption du principe de l'autonomie économique des colonies. Le sénatus-consulte du 4 juillet 1866 élargit considérablement les limites des attributions des conseils généraux, de manière à laisser à ces assemblées une action prépondérante dans la gestion des intérêts locaux.

Les conseils eurent désormais le droit de statuer définitivement, par rapport au service intérieur, sur un grand nombre d'objets qui avaient été soumis jusqu'alors à l'autorité administrative, et parmi lesquels on peut citer : les acquisitions, aliénations, échanges de propriétés mobilières ou immobilières, le mode de gestion des propriétés, les baux, les actions à intenter ou à soutenir, le classement et la direction des routes et chemins, les concessions de travaux, les projets, plans et devis de travaux, etc.

Ils purent également statuer sur le tarif des taxes, sous réserve, non plus, comme autrefois, de l'approbation facultative des gouverneurs, mais de la liberté laissée aux chefs de colonies, en cette matière comme en toutes celles où une ratification ultérieure n'était pas exigée, de provoquer auprès du ministre l'annulation des décisions qui auraient été rendues en violation des lois. Cette disposition s'appliqua non seulement aux tarifs des impositions coloniales proprement dites, mais encore à celui du droit d'octroi, dont le produit forme la principale source des revenus communaux.

Les budgets locaux se trouvèrent, du même coup, remis entièrement aux conseils généraux, et les gouverneurs ne furent plus autorisés à les modifier qu'en cas d'insuffisance des crédits affectés aux dépenses obligatoires, lesquelles furent réduites à un petit nombre d'articles se rapportant à l'entretien de services essentiels.

Les conseils ne furent admis qu'à délibérer sur diverses matières d'une importance plus grande, telles que les emprunts à contracter, le mode de protection et de recrutement des travailleurs étrangers, le mode d'assiette et les règles de perception des contributions et taxes, la fixation des tarifs de douane, etc.

La forme dans laquelle les délibérations intervenues sur ces objets durent être approuvées, fut fixée soit par le sénatus-consulte lui-même, soit par le règlement d'administration publique postérieur du 11 août 1866. Tantôt, comme dans le cas des tarifs de douane, l'approbation dut résulter d'un règlement d'administration publique qui s'ajoutant à la délibération locale, remplit, dans la nouvelle organisation, l'office qui jusque là avait été réservé à une loi ; tantôt, comme en ce qui concerne le mode d'assiette et les règles de perception de l'impôt, l'acte de ratification put revêtir la forme d'un simple décret, sauf, au surplus, le droit réservé au gouverneur de rendre la délibération provisoirement exécutoire ; d'autres fois encore, suivant le degré d'importance des matières, c'est au gouverneur qu'échut le pouvoir de sanctionner le vote de l'assemblée locale.

Les colonies conservèrent, sous les conditions ci-dessus mentionnées, la disposition de toutes leurs ressources ; mais en échange des libertés qui leur étaient données, le sénatus-consulte mit à leur charge la presque totalité de leurs dépenses. L'État se désintéressa de tout, à l'exception des frais relatifs : aux services militaires, aux traitements des gouverneurs, au personnel de la justice et des cultes, au service du trésorier-payeur. Encore les colonies furent-elles tenues au payement des dépenses de matériel de la plupart de ces services de souveraineté ou d'intérêt commun.

La métropole se trouva déchargée, par le seul fait de l'application du sénatus-consulte, d'une somme de 1,022,100 fr., qui passa du budget général aux budgets locaux de la Martinique, de la Guadeloupe et de la Réunion. Il faut ajouter à ce chiffre les sommes représentatives des différentes détaxes accordées aux produits coloniaux à leur entrée en France, détaxes qui allaient désormais disparaître, ce qui portait à plus de 5 millions par an, l'évaluation des avantages financiers résultant pour la métropole des changements introduits dans la Constitution coloniale.

Il restait entendu, il est vrai, que des subventions pourraient être accordées aux colonies sur le budget de l'État, et réciproquement, que des contingents pourraient leur être réclamés ; mais il est juste de dire que si ces contingents, qui étaient subordonnés à une augmentation de prospérité que le rapporteur du sénatus-consulte déclarait lui-même « peu vraisemblable », n'ont pas été exigés par l'État, les subventions n'ont pas tardé non plus à cesser de figurer au budget métropolitain.

Les conseils généraux continuaient d'ailleurs à jouir de la faculté de donner leurs avis sur toutes les questions d'intérêt colonial; ils étaient investis en outre du droit de se mettre en communication directe avec le ministre, par l'intermédiaire de leurs présidents.

III

Le sénatus-consulte de 1866 ne fut, comme on l'a dit avec raison, qu'une loi d'organisation financière, et ne modifia en aucune façon la situation politique des colonies. La seule liberté nouvelle que le Sénat de l'Empire leur eût octroyée, était celle de supporter désormais, à leurs risques et périls, toutes les charges de leur administration. Il avait bien été question de changer le mode de recrutement des conseils généraux, en substituant au système de la nomination arbitraire celui de l'élection; on avait même parlé du suffrage universel; mais les assemblées locales, consultées, avaient repoussé comme dangereuse une innovation qui leur eût imposé des responsabitités jusqu'alors inconnues; et quant au Sénat, il avait, malgré les efforts de quelques libéraux de l'époque, tels que MM. Hubert Delille et Michel Chevalier, écarté même le principe du suffrage restreint. La raison sur laquelle il s'appuyait pour maintenir le *statu quo* mérite d'être signalée : il ne fallait pas que les colonies fussent placées sous un régime électoral autre que celui de la métropole; mieux valait l'absence complète de toute représentation réelle.

Les conseils généraux issus de la législation de 1866 ne s'en montrèrent pas moins, dès leur entrée en fonctions, ardents à user de leurs prérogatives. Jaloux de manifester leur puissance, et certainement aussi de se montrer à la hauteur des obligations nouvelles qui leur étaient imposées, ils s'attachèrent à réaliser, dans la gestion des finances publiques, toutes les économies qni purent paraître compatibles avec les exigences d'une bonne administration. Leurs impatiences de novateurs les condisirent peut-être quelquefois à rechercher des réformes au delà des limites d'une application pratique. C'est ainsi que, pendant quelque temps, on vit, à chaque session, s'ouvrir des discussions qui mettaient en péril l'existence ou l'intégrité des services les plus importants, et qui étaient peu propres à inspirer aux agents d'exécution cette confiance et cette sécurité dont ils ont besoin pour accomplir consciencieusement leur tâche. Mais la force des choses et l'habitude croissante du maniement des affaires devaient bientôt tempérer ce qu'il pouvait y avoir d'inquiétant dans ces dispositions.

On ne peut pas dire que les conseils générax sortis de la première formation postérieure au sénatus-consulte aient mal usé des pouvoirs qui leur étaient dévolus. Si, en raison du vice de leur origine, ils pouvaient se croire dispensés de travailler à la satisfaction de toutes les aspirations populaires, ils s'efforcèrent du moins de maintenir, dans l'ordre économique, la prospérité des pays dont ils étaient les gérants d'affaires. L'un des premiers et le plus important de leurs actes fut la suppression des droits de douane et le remplacement de ces taxes par un tarif d'octroi de mer s'appliquant uniformément, avec un simple caractère fiscal, aux marchandises de toutes provenances. Cette mesure, dont la légalité, contestée quelquefois, est aujourd'hui définitivement démontrée, eut pour conséquence heureuse d'ouvrir plus complètement les marchés coloniaux aux transactions avec l'étranger, sans faire fléchir considérablement, quoi qu'on ait pu dire, le mouvement des échanges avec la métropole.

Il ressort des statistiques publiées par le ministère de la marine, que malgré l'énormité des charges nouvelles imposées aux colonies, malgré les effets d'une concurrence que les progrès du sucre de betterave rendaient chaque jour plus ruineuse, au milieu de catastrophes successives, l'ensemble des opérations industrielles et commerciales de ces pays se maintint dans des limites satisfaisantes. La moyenne de la production du sucre, pour les cinq dernières années qui précédèrent l'abolition de l'esclavage, avait été, dans les deux colonies de la Martinique et de la Guadeloupe, de 65,556,158 kil. Cette même moyenne, après la crise inévitable qui suivit l'acte d'émancipation, fut, dans la période de 1856 à 1866, de 57,714.551 kil.; elle s'éleva, do 1866 à 1870 inclusivement, à 69.324,645 kil. Les exportations et importations suivirent des fluctuations à peu près équivalentes : après avoir été de 105,477,444 fr. en 1847, elles furent de 93,912,509 fr. en moyenne, de 1856 à 1866, et de 98,697,276 fr. de 1866 à 1870 inclusivement. Quant à la Réunion, elle avait dépassé de beaucoup sa production de la période antérieure à 1848, et avait atteint, en 1860, l'apogée de sa prospérité, qui s'exprimait alors par une quantité de sucre de 82,436,358 kil. et un chiffre d'affaires de 93,502,138 fr.; mais elle avait essuyé plus tard un véritable cataclysme financier, dû principalement à des causes climatériques; elle ne devait s'en relever que progressivement et lentement pendant les années qui suivirent 1866.

C'est surtout à partir de l'année 1866 que sont posées les bases des amélioratinns industrielles qui devront amener plus tard une réelle augmentation des rendements de l'agriculture coloniale. En même temps que se développent à la Guadeloupe et à la Réunion la production du café ou de la vanille, à la Martinique la préparation du tafia, la fabrication du sucre prend partout un nouvel essor, grâce à la création des grandes usines centrales fondées sous l'invocation d'un principe trop peu appliqué depuis, celui de la séparation de la culture et de l'industrie.

Cependant, dès avant la disparition du régime de l'Emire, on sentait en tous lieux qu'une constitution coloiale qui ne laissait aucune place à la manifestation des olontés publiques, ne pouvait pas être plus longtemps aintenue; des voix s'étaient élevées, même au sein des ssemblées locales, pour réclamer le suffrage universel; la Guadeloupe, un vétéran des luttes du passé, un des ommes les plus considérables et les plus justement onorés du vieux parti aristocratique, avait protesté avec clat contre un système qui ne lui paraissait plus en apport avec les besoins du temps; à la Martinique, ne agitation dans le même sens avait été organisée et onduite — que de changements sont survenus depuis! sous l'inspiration d'un ancien délégué, aujourd'hui natour. Le gouvernement, enfin, avait pris l'initiave de provoquer des consultations qui avaient amené n certain réveil de l'esprit public, et où le principe du ffrage universel avait été tour à tour violemment attaqué et énergiquement défendu par les représentants des partis en présence dans les conseils locaux. Ces consultations n'avaient pas encore produit leurs effets, lorsqu'arriva l'effondrement de 1870.

Il était réservé à la République de rétablir des droits qu'une usurpation monarchique avait emportés. Le suffrage universel fut rendu aux colonies, qui recouvrèrent en même temps leur représentation directe dans les assemblées législatives de la métropole. C'est de là, s'il faut en croire certains adversaires des libertés coloniales, parmi lesquels M. Giraudeau a tenu à se placer, que seraient venus tous les maux, imaginaires ou réels, qui ont fondu déjà ou qui sont près de fondre sur nos établissements d'outre-mer. Cette assertion repose-t-elle sur quelques raisons appréciables? Examinons un peu.

IV

Nous avons dit que le sénatus-consulte de 1866 avait réalisé, au moins sous quelques rapports, un véritable progrès. Les colonies n'ayant plus à compter que sur une assistance restreinte de leur métropole, il les avait aidées à vivre. Tant que cette législation est restée l'apanage exclusif des préférés d'un gouvernement autoritaire, beaucoup de ceux-là mêmes qui s'en plaignent le plus aujourd'hui l'ont proclamée la meilleure des Constitutions. Le sénatus-consulte serait-il devenu un instrument de ruine et de perdition entre les mains des mandataires directs des populations? On peut en juger par les résultats acquis depuis 1870.

Interprètes désormais incontestés des aspirations publiques, les conseils généraux issus de l'élection populaire se sont attachés, avec une bonne volonté qui s'est exprimée dans tous leurs actes, à l'amélioration du sort du plus grand nombre. Aucun des véritables intérêts coloniaux ne les a trouvés indifférents, et il faut leur rendre cette justice que s'ils n'ont pas pu faire naître une éclatante prospérité dans des pays travaillés par tant de causes économiques d'appauvrissement, ils ont, du moins, consciencieusement géré le patrimoine qui leur était confié. L'instruction publique a pris, grâce à leur initiative, un développement qui se manifeste à tous les regards : des lycées, des écoles professionnelles, des cours préparatoires de droit ont été fondés dans les colonies qui en étaient dépourvues, en même temps que les établissements d'enseignement primaire, sous une inspiration libérale, se multipliaient et se transformaient. Des institutions de prévoyance et de secours ont été établis ou perfectionnés. Ce sont là d'excellentes œuvres morales qui aideront plus que toute autre chose à ce rapprochement des esprits, à ce mépris des préjugés du passé que les amis des colonies considèrent avec raison comme le premier de leurs besoins.

Mais des intérêts d'un autre ordre occupèrent aussi la sollicitude des nouvelles assemblées. Nous allons le montrer tout de suite. Sans parler des grands travaux dont l'État a pris l'initiative à la Réunion, nous pouvons rappeler qu'à la Martinique et a la Guadeloupe, l'une des principales préoccupations des élus du suffrage universel a été de multiplier les voies de communication, et de favoriser ainsi l'extension de la production et du commerce intérieur. Les routes coloniales onl été pro-

longées au-delà des limites antérieures ; les sommes
affectées à leur entretien ou à leur continuation ont
dépassé, chaque année, tontes les allocations équivalentes des anciens budgets ; et en ce moment même,
à la Guadelonpe, on exécute d'importants travaux
ayant pour objet de relier entre eux de grands centres agricoles, par des ponts dont la nécessité se fai-
sait sentir depuis le commencement de la colonisation.
C'est à la Guadeloupe aussi que le conseil général discutait il y a un an, d'accord avec l'administration, un
projet de règlement dont l'adoption, proposée au ministère, doit avoir pour effet de garantir, dans des conditions meilleures, la construction et l'entretien des chemins vicinaux.

Des projets d'établissement de chemins de fer desti-
nés à faciliter les transports de denrées et de voyageurs
sont à l'étude et aboutiront bientôt, on n'en peut pas
douter, à leur période d'exécution. Déjà, à la Guadeloupe,
une ligne peu considérable par son étendue, mais très
importante par les bienfaits qu'elle est appelée à ré-
pandre sur une des plus belles parties du pays, a été
construite, grâce à la louable initiative d'un grand in-
dustriel à qui la concession en a été accordée. Par cette
ligne aboutiront à un port voisin réservé peut-être à un
certain avenir, les produits de l'usine centrale qui vient
d'être fondée dans la commune de la Capesterre, et les
récoltes des riches plantations environnantes.

Tout ce qui pouvait tendre à l'amélioration du travail
agricole a été encouragé. L'utile institutiou des concours
régionaux, si propre à opérer le rapprochement des patrons et des ouvriers de la terre, a été rétablie. A la Guadeloupe, une récompense de 100,000 fr. était offerte, il

y a peu d'années, à quiconque découvrirait un moyen
d'augmenter le rendement en sucre de la canne; et en
même temps, le conseil général, inquiet déjà des résultats inévitables de cette concurrence de la betterave qui
se manifeste aujourd'hui dans les conditions que l'on
sait, indiquait la voie aux travailleurs, en primant le
café et le cacao, dont la production peut s'étendre, sans
nuire même à celle de la canne, sur une grande quantité de terrains incultes, en entreprenant des essais de
plantations nouvelles, qui se poursuivent encore, notamment pour le tabac, en créant enfin un jardin bota-
nique qui contribuera puissamment, on peut l'espérer, à
développer le goût de l'étude des plantes et des expé-
riences de cultures.

On pourrait citer encore, sans sortir de cette même
colonie de la Guadeloupe, qui a passé par tant d'époques
douloureuses, de nombreux témoignages de la féconde
activité des représentants actuels des populations d'outre-
mer, de leur véritable amour du bien public. Nous nous
bornons, en terminant cette incomplète énumération, à
indiquer, au hasard, quelques actes importants : une
récente délibération du conseil général ayant pour objet
de reviser le tarif des droits d'octroi de mer dans un
sens plus équitable, plus conforme à l'intérêt du con-
sommateur, ainsi qu'aux véritables principes économiques; — la suppression d'un droit de tonnage qui pouvait
entraver, par l'aggravation des charges de la navigation,
le développement des relations commerciales de notre
admirable port de la Pointe-à-Pitre, que la nature a
placé sur la ligne directe des voyages de Panama; — la
récente construction de lignes télégraphiques établissant
les communications rapides entre les principales com-

munes de l'île; — un ensemble de mesures encouragées par le conseil général, mais décidées, mises en pratique par une municipalité intelligente, et ayant pour objet l'exécution, dans la ville de la Pointe-à-Pitre, de grands travaux d'assainissement qui donneront bientôt un nouvel et plus vif éclat à cette ancienne perle des Antilles.

Nous osons affirmer qu'en aucun temps les hommes chargés de la disposition des finances locales n'ont fait un meilleur usage des pouvoirs qui leur étaient confiés.

Si maintenant on se demande quels ont été les résultats généraux du travail colonial à partir de l'installation des nouveaux conseils, on en trouve l'expression, pour la série d'années comprise entre 1871 et 1881, dans les moyennes ci-après :

	Importations et exportations.	Production en sucre.
Guadeloupe et Martinique. }	117,344,503 fr.	83,493,757 kil.
Réunion	53,643,070 fr.	36,224,937 kil.

Dans la période qui commence à 1881, les résultats ont été encore plus significatifs : en 1882, la production du sucre a été, à la Guadeloupe, de 57,501,179 kil. ; à la Martinique, où la fabrication du tafia est plus abondante, elle s'est élevée à 53,645,000 kil. ; à la Réunion, elle a été de 33,661,747 kil. ; et le mouvement commercial s'est accentué en proportion.

L'année suivante n'a pas apporté de sensibles modifications à cet état de choses.

Ajoutons que la petite propriété a pris, dans les campagnes, une extension dont on doit se réjouir comme d'un gage de stabilité sociale. La part de cette petite propriété dans les récoltes de cannes à sucre était évaluée, il y a peu de temps, pour une des colonies, à un quart environ du produit total.

La conclusion qu'il faut tirer de ces simples constatations, c'est non seulement que le régime du suffrage universel n'a arrêté aux colonies l'essor d'aucune prospérité, mais encore qu'il aurait enrichi ces pays, si le sucre de canne avait conservé les avantages dont il jouissait autrefois sur les marchés de consommation.

V

Ainsi, les citoyens des possessions françaises ont usé avec sagesse des droits qui leur étaient restitués; ils ont choisi leurs représentants aux conseils locaux parmi ceux qui leur ont paru les plus dévoués, les plus consciencieux, les plus disposés à défendre avec vigilance les intérêts communs; et ces représentants eux-mêmes, à peine entrés, pour la plupart, dans la vie publique, ont montré une incontestable aptitude à gérer les affaires de leurs compatriotes. Tout cela s'est accompli paisiblement, sous la protection des lois.

Néanmoins, il se trouve des hommes qui, comme M. Giraudeau, ne craignent pas d'affirmer que les colonies sont perdues à bref délai, si l'autorité légitime n'y est pas promptement rétablie par le retrait des libertés dont elles font un si détestable usage. La raison que ces admirateurs du passé invoquent invariablement à l'appui de leurs théories, c'est que les créoles d'origine africaine ont une tendance à tout accaparer, qu'ils entretiennent, par leurs convoitises, les préjugés de races, qu'ils méditent l'exclusion des blancs, la ruine de la grande propriété, une sorte de liquidation sociale qui se ferait sans doute à leur profit. Autant de mots, autant d'accusations sans fondement. Les français d'origine africaine ont trop souffert des exclusions passées, pour qu'ils ne comprennent pas qu'il ne faut exclure personne, et ils savent trop ce que l'acquisition de la propriété a coûté à leurs pères et à eux-mêmes, pour qu'il leur vienne la pensée de ruiner aucune propriété grande ou petite. Ce qu'ils ont toujours désiré, ce que ceux d'entre eux qui ont exprimé, en divers temps, les aspirations communes, ont constamment demandé, c'est l'égalité, l'égalité dans les droits, l'égalité dans les devoirs. Ils n'étaient rien autrefois, ils veulent être quelque chose aujourd'hui ; ils prétendent occuper dans le milieu où ils vivent, suivant la juste loi des sociétés modernes, une place proportionnelle à leur nombre, à leurs capacités, aux intérêts qu'ils représentent. C'est pour cela qu'ils ont placé parmi leurs premières préoccupations la nécessité de l'éducation publique, et c'est pour cela que leurs enfants eux-mêmes mettent à s'instruire cette ardeur, cette persévérance qui rendait rêveur, il y a quelque temps, un ancien gouverneur de la Martinique, M. l'amiral Aube.

En quelles circonstances ont-ils donc manifesté leur parti pris d'exclusion ? Quel jour un pareil mot d'ordre a-t-il été formulé ? Dans les élections pour la constitution des assemblées locales, aucun homme réputé libéral n'a été systématiquement écarté, qu'il fut blanc ou noir. Les faits sont là pour en témoigner. Mais le corps électoral, aux colonies comme ailleurs, trouve naturel de réserver ses préférences à ceux qui représentent le plus ses propres tendances. Or, on est obligé de constater qu'aux Antilles tout au moins, ils sont peu nombreux, les descendants de l'ancienne caste privilégiée qui ont complètement acquiescé au programme adopté par leurs compatriotes républicains. Ces fils de 1789 avaient pourtant là un grand rôle à jouer. Il eût été beau de les voir, eux les aînés, puisqu'on les a ainsi appelés, arborer tout d'abord le drapeau des idées nouvelles, proclamer encore une fois les droits de l'homme, et réveiller, sur ces terres trop longtemps livrées au despotisme, la glorieuse tradition de leurs ancêtres. Nous désirons, pour notre part, que beaucoup d'entre eux, prenant enfin la place qui leur est réservée dans les rangs de la démocratie, se rallient avec confiance à la République, à ses institutions et à ses mœurs. Il y a, de tous les côtés, en dépit des dissentiments passagers, assez d'hommes éclairés et de bonne volonté, assez de gens de cœur et de patriotes sincères, pour que ce mouvement, d'où sortira l'union tant désirée, ne soit pas indéfiniment retardé. Nous n'hésitons pas à dire qu'à ceux qui s'affirmeront ainsi, les électeurs ne refuseront pas leurs votes.

Déclarons une fois pour toutes que ce qui domine dans les élections des colonies, ce sont des influences d'opinions, et non de castes, et que les choix s'établissent, là comme partout, d'après la loi des majorités. Maintenant pensera-t-on qu'il serait désirable qne par un mode particulier de votation, semblable à un de ceux qui ont été employés partiellement dans certains pays, et notamment en Angleterre, la représentation des minorités — nous parlons bien entendu des minorités d'opinions — fût plus complètement garantie?

Alors, c'est un question de droit politique qui embrasse dans sa généralité les institutions de tous les peuples, et qui peut-être discutée sans qu'il soit porté la moindre atteinte au principe du suffrage universel. Nous croyons inutile de nous étendre ici sur ce sujet.

Voilà ce que les adversaires du parti le plus nombreux et le plus attaché au régime politique actuel ont signalé comme une des formes de l'exclusion. Quant aux fonctions administratives, qui sont distribuées par le gouvernement, elles ont cessé, par une simple conséquence des réformes accomplies dans les institutions, d'être le partage d'une seule classe de la population. Les différents éléments de la société coloniale y sont représentés aujourd'hui dans des proportions qui ne sont de nature à provoquer aucune revendication légitime. Il n'y a là que de la stricte justice. Peut-être en serait-il autrement si les hommes qu'on accuse de tout attirer à eux avaient pratiqué les procédés d'absorption dont ils se plaignaient naguère, s'ils avaient été assez oublieux de leurs propres intérêts pour fournir aux partis hostiles ce motif de protestation. Nous ne faisons, bien entendu, qu'indiquer ici une situation générale, une tendance des esprits, sans nous attacher à des détails qui n'ajouteraient rien à la portée de nos observations.

Mais M. Giraudeau insiste : la grande propriété est menacée! s'écrie-t-il encore. Il serait pourtant nécessaire qu'on se rendît compte enfin de ce qu'il y a au fond de ce reproche. Ceux qui ignorent jusqu'où peuvent aller certaines préventions croiraient, en vérité, qu'il s'agit de quelque loi agraire que d'envieux démagogues méditent dans des conciliabules ténébreux. Ce n'est pas de cela qu'il est question. Les conseils généraux des colonies, qui ont à pourvoir, avec un système d'impôts peu perfectionné, à tous les besoins des services locaux, ont été quelquefois amenés à rechercher par quels moyens ils pourraient augmenter, dans la proportion nécessaire, les ressources publiques, en donnant pour base aux contributions une évaluation supposée plus exacte des revenus particuliers. Ils exerçaient, en cela, des attributions qui ne peuvent pas leur être contestées, et leurs délibérations, rendues de bonne foi, ont suivi leur cours régulier, soit qu'elles aient été approuvées par l'autorité centrale, soit qu'elles aient été déclarées, dans des circonstances quelconques, sujettes à revision. Que quelques grands industriels, qui avaient joui, dans le passé, de nombreuses immunités, et sur qui pouvaient porter maintenant d's aggravations d'impôts, se soient montrés peu satisfaits, nous n'en sommes pas surpris, personne même n'a le droit de s'en plaindre; mais le rôle des assemblées d'affaires deviendrait intolérable, si chaque fois qu'elles ont à toucher aux bases de répartition des charges publiques, elles devaient se voir accuser de préparer la destruction de l'édifice social. Hâtons-nous d'ailleurs d'ajouter que dans les cas auxquels nous faisons allusion, aucun édifice n'a été ébranlé, ni aucune industrie démesurément surchargée.

Ce n'est pas tout. Il existe aux colonies un système d'organisation du travail qui s'appelle l'Immigration, et qui consiste à aller chercher au loin, dans l'Inde anglaise, des bras étrangers, pour les attacher, moyennant un faible salaire, aux exploitations agricoles. Les individus ainsi introduits sont tenus, sous peine d'amende d'emprisonnement, de fournir chaque jour à leurs patrons, pendant toute la durée de leur engagement, une quantité déterminée de travail. La masse des contribuables participe aux dépenses de lenr recrutement, et ce recrutement s'opère par les soins de l'administration, qui demeure chargée de remplir vis-à-vis des immigrants une mission de tutelle et de protection. Nous ne voulons pas discuter ici le principe de l'Immigration, parce que ce n'en est pas le lieu; mais il y a des hommes qui, soit dans la presse, soit dans les assemblées coloniales, la discutent publiquement. Ces hommes ne sont certainement ni des perturbateurs, ni des ennemis de la prospérité de leur pays. Quelques-uns d'entre eux, blancs ou noirs, soutiennent qu'étant données les conditions d'existence de l'agriculture coloniale, avec ses exigences multiples, auxquelles ne peuvent pas satisfaire d'une manière continue les travailleurs indigènes, trop peu nombreux d'ailleurs, l'Immigration est indispensable, dans les possessions où elle fonctionne, au maintien de la fortune publique.

D'autres pensent au contraire que cette institution, telle que nous venons de la définir, est non seulement une violation de la liberté naturelle, mais encore une erreur industrielle; qu'elle porte préjudice au cultivateur créole, en plaçant à ses côtés une concurrence servile qu'il contribue cependant lui-même, par un effet de la réglementation en vigueur, à entretenir de ses deniers; qu'elle nuit au perfectionnement de l'industrie, et arrête l'essor de l'initiative privée, en supprimant ou restreignant les manifestations spontanées de l'offre et de la demande; qu'elle constitue, au point de vue financier, une charge excessive que ne compensent pas suffisamment les avantages qui en découlent; qu'elle

pervertit enfin la notion des devoirs de l'autorité publique, en faisant intervenir cette autorité dans des matières qui auraient dû être placées en dehors de sa compétence. Tout cela a été dit par des économistes dont
les noms seuls inspirent le respect, par MM. Cochin,
Jules Duval, Leroy-Beaulieu ; tout cela peut être et doit
être examiné tranquillement, sans amertume et sans
parti pris, par tous les créoles, quelle que soit
leur nuance, qui ont souci des destinées de leurs îles.
La question que nous rappelons en ce moment touche
depuis longtemps aux plus grands intérêts de nos possessions de culture, et elle emprunte aux circonstances
présentes une importance exceptionnelle. Qu'on ne croie
onc pas que nous voulions, au moment même où la
roduction coloniale traverse une crise douloureuse, re-
commander des mesures de liquidation générale à
'égard de ce *pis aller* du travail : jamais, au contralre,
la prudence et la réflexion dans les décisions n'ont paru
peut-être plus nécessaires. Nous disons seulement qu'il
est utile qu'on ne ferme pas les yeux sur une situation
pleine de périls, qn'on se rende compte de l'effort possible, et qu'on recherche au moins dès maintenant les
oyens de garantir l'avenir par une application plus
'uste des véritables principes économiques.

'est pour avoir essayé de porter la lumière sur ces
hoses, que ceux qui expriment le plus complétement
a pensée libérale aux colonies, sont représentés comme
es mortels ennemis de la grande propriété.

eproche injuste, contre lequel s'élèvent des actes ré-
ents ! N'est-ce pas hier que les hommes et les assem-
lées s'unissaient dans une commune pensée, pour de-
ander à la métropole une loi préservatrice de la fortune

coloniale? N'a-t-on pas vu ces délégues de l'industrie su-
crière, envoyés par la Guadeloupe, avec l'adhésion de
tous, et qui n'étaient certes pas les émissaires d'une
faction malintentionnée? Qu'on cesse donc de répéter
qu'il n'y a aux colonies que des individus séparés par
d'inoubliables rivalités, qui ne peuvent, en aucune cir-
constance, se rendre réciproquement justice, et qui ne
savent même pas se rapprocher sur le terrain de l'intérêt commun. Où veut-on que conduisent de pareilles
affirmations, si ce n'est à perpétuer des divisions que le
bon sens public a déjà condamnées? Arrière toutes ces
récriminations, qu'il est trop facile aux partis de se ren-
voyer mutuellement! Nous faisons de la politique de
principes, non de la politique de races.

La suppression du suffrage universel, pense-t-on, fera
taire toutes ces mésintelligences, et ramènera dans nos
dépendances françaises le calme et la régularité qui font
la force de l'administration des possessions anglaises.
Peut-être n'est-il pas absolument démontré qu'au point
de vue même de cette régularité tant prisée, les choses
se passent beaucoup mieux dans les colonies anglaises
que dans les pays français ; on en douterait, si l'on se
reportait aux événements qui ont ensanglanté la Ja-
maïque il y a quelques années. Mais que nous font ces
exemples tirés d'une législation, de coutumes, de mœurs,
qui ne sont pas les nôtres? Chaque nation tend à introduire dans les établissements isolés où il porte son pa-
villon, les institutions qui sont le signe distinctif de son
génie. Or nous vivons sous une République démocra-
tique, dont le principe fondamental n'est pas autre que
celui du suffrage universel; on ne s'expliquerait pas
que, par une imitation peu raisonnée des conceptions

d'un gouvernement monarchique, cette République
poussàt l'oubli de sa propre tradition jusqu'au point de
refuser à ses citoyens d'au-delà des mers un droit qu'elle
considère comme le patrimoine imprescriptible de tous
les français. Cette considération est complétement indé-
pendante de la préférence à donner en matiére d'organisation coloniale, à l'un ou à l'autre des deux systèmes
de l'autonomie et de l'assimilation.

Il est permis d'ajouter que les arguments tirés de la
constitution des colonies anglaises, ne conserveront
peut-être pas longtemps la valeur qu'on croit pouvoir
y attacher. Qui sait quelles seront, même au point de
vue spécial qui nous occupe, les conséquences de la
réforme électorale que les libéraux du Royaume-Uni,
soutenus et dirigés par un grand ministre, réclament
en ce moment.

Et croit-on qu'il suffirait, pour apaiser tous les antagonismes, d'infliger une dégradation à des citoyens qui
sont, depuis longtemps, en possession de droits dont ils
connaissent la valeur? Ces antagontsmes, qui sous le
régime actuel, tendent de plus en plus à perdre leur
caractère irritant, se compliqueraient de protestations
sans nombre, dont l'écho se répercuterait dans tous les
organes et dans tous les centres de publicité. Il faudrait
bientôt compléter l'œuvre de réaction, enchaîner la liberté de la presse, supprimer la liberté de réunion,
faire succéder enfin aux salutaires agitations de la vie
publique, cette tranquilité que les tyrans ont appelée la
paix. Mais tout cela n'est assurément pas dans la pensée de M. Giraudeau. Il eût été bon, alors, qu'il eût dit
comment il entendrait concilier, plus tard, le rétablissement éventuel du suffrage universel avec la coexis-

tence, sous un système qui laisserait moins de place à l'action régulatrice de la métropole, de ces mêmes éléments dont il proclame aujourd'hui l'absolue disparité.

Nous inclinons décidément à croire que le collaborateur de la *Nouvelle Revue*, mieux informé, consentira à laisser aux colonies le suffrage universel.

S'il nous accorde cette première concession, nous ne désespérerons pas d'obtenir de lui qu'il épargne également l'existence de la représentation coloniale. Il nous semble qu'il y a une espèce de négation de toute la politique républicaine, surtout de cette politique d'expansion qui, sagement pratiquée, peut nous ramener des jours de gloire et de prospérité ; il nous semble, disons-nous, qu'il y a une sorte de négation de l'avenir, d'oubli du passé, à venir proposer, à l'heure actuelle, d'exclure du Parlement les députés et sénateurs des colonies. Ils n'ont pas besoin, dit-on, de prendre part à la discussion des affaires de la métropole, qui ne les concernent pas. Hommes de peu de mémoire ! ne vous souvenez-vous donc plus que la République a été faite à une voix de majorité ? Et comment voulez-vous que toutes les résolutions qui se rapportent, soit à l'adoption d'un programme de développement colonial, soit à la conservation ou à l'utilisation des possessions acquises, puissent rester indifférentes aux habitants des contrées qui y sont les plus directement intéressées ? Est-ce que, par exemple, les Français de la Cochinchine ne doivent pas avoir souci d'une déclaration de guerre à la Chine, ou est-ce que ceux de la Martinique, de la Guadeloupe, de la Réunion, de la Guyane, n'auraient pas à se préoc-

cuper des conséquences d'une contestation avec l'Angleterre ou les États-Unis? Les uns et les autres n'ont-ils
pas le droit de se faire entendre, lorsqu'il s'agit de l'exa-
men de certaines lois économiques qui peuvent trans-
former les conditions de leur vie matérielle?

Mais M. Giraudeau objecte que les représentants dont
il conteste l'utilité n'ont eu à intervenir, en tant que
législateurs, dans aucune affaire se rapportant aux intérêts de leurs mandants. Il oublie d'abord la toute récente loi sur les sucres, à la discussion de laquelle ces
représentants ont pris une si grande part; la loi sur le
service militaire, où ils ont fait admettre en première
lecture le principe de la formation des contingents coloniaux, ce constant objet des aspirations de la majorité,
nous allions dire de l'unanimité des créoles; il oublie
les lois sur le jury, sur la presse, sur les réunions publiques, la loi municipale elle-même, où il ne peut cependant s'empêcher de voir un premier pas fait par les
Chambres vers l'adoption de la politique d'assimilation;
d'autres encore. La vérité, c'est que les députés et sénateurs des colonies ont trouvé maintes occasions d'exercer
avec fruit le mandat qu'ils tenaient de leurs électeurs;
la vérité surtout, c'est qu'ils sont intéressés, au même
titre que leurs collègues du continent, à prendre part à
la discussion de toute loi d'intérêt général, non seulement parce qu'ils représentent comme ces collègues, en
vertu de la fiction de notre droit public, l'universalité
de la nation, mais encore parce que cette loi pourra être
rendue applicable aux pays dont ils sont les élus. Il ne
faut pas regretter qu'il en soit ainsi : des hommes
comme M. de Mahy. qui occupa dignement un poste de
ministre, ne déparent pas une assemblée, et aucun Par-

lement n'a compté parmi ses membres beaucoup de notabilités de la valeur de M. Schœlcher, qui a passé toute sa vie, personne ne l'oubliera jamais, à défendr les colonies ou à les représenter légalement.

Avons-nous besoin de dire, après cela, que les délégués qu'il s'agirait de substituer aux mandataires actuels de nos départements d'outre-mer ne seraient, surtout par ce temps de parlementarisme à outrance, que de petits personnages, à côté des élus du suffrage universel? Ces délégués auraient sans doute accès auprès des ministres, et pourraient, quand leurs avis seraient jugés nécessaires, être entendus par les commissions des deux chambres. Mais quelle différence entre l'action de pareils agents, dont les réclamations, dépourvues de toute sanction, n'engageraient jamais ni le gouvernement ni les assemblées législatives, et celle de représentants du peuple qui sont revêtus du prestige de l'autorité nationale, devant lesquels toutes les portes s'ouvrent, et qui ont la ressource d'user, pour la défense de leurs revendications, d'un droit de question, d'un droit d'interpellation, et, en dernier lieu, de leurs votes! Nous en appelons à tous ceux que la passion et les préjugés de parti n'aveuglent pas, et nous leur demandons s'il est admissible qu'un ami des colonies, qu'un partisan même désintéressé des doctrines libérales, puisse préférer l'institution tronquée de la délégation à la puissante représentation au sein des premières assemblées du pays.

En résumé, il est nécessaire, quel que puisse être le régime intérieur des colonies, que les besoins et les aspirations de ces pays soient portés à la connaissance des pouvoirs métropolitains par des interprètes autorisés; il est juste que des populations françaises, qui constituent par leur nombre des éléments importants de la grande individualité nationale, ne soient pas traitées comme des quantités négligeables. Tout le monde est d'accord sur ce point. Comment, dès lors, ne serait-on pas d'accord aussi pour reconnaître, abstraction faite même de toutes autres considérations de droit ou de sentiment, que la représentation qui convient le plus aux colonies, c'est celle qui garantit le mieux la défense de leurs intérêts, c'est-à-dire la représentation directe?

Faut-il parler encore ici de nos voisins les anglais? En ce moment même ils recommencent à agiter la question, qui n'est pas nouvelle chez eux, d'une représentation politique de leurs dépendances lointaines, et tout récemment encore le journal le *Temps* reproduisait un article de la *Pall Mall Gazette* réclammant l'admission au conseil suprême de l'empire britannique, de députés élus par les suffrages coloniaux.

VI

Nous ne pouvons pas, au point où nous en sommes arrivé de ce travail, retourner sur nos pas pour discuter un à un tous les détails d'organisation coloniale préconisés par M. Giraudeau. Nous nous croyons cependant obligé de nous arrêter un instant devant celle de ses propositions qui consisterait à former, pour les différents services de chaque colonie, des cadres locaux placés complètement entre les mains des gouverneurs. Cette réforme, qui s'appliquerait tout d'abord au corps du commissariat de la marine, s'étendrait, bien entendu, aussi aux quelques services civils qui ont conservé leurs attaches avec les administrations similaires de la métropole. Elle permettrait, — c'est du moins la raison qui en est donnée, — d'assurer l'entretien au complet des effectifs, par des mouvements qui se feraient sur place; les fonctionnaires pourraient ainsi parcourir toute une carrière, sans changer de colonie. Nous apercevons bien ici un certain intérêt d'économie; mais nous nous demandons à quoi conduirait cette économie, si ce n'est à diminuer des garanties qu'au point de vue d'une bonne gestion des affaires publiques, il conviendrait, au contraire, de fortifier. Il est utile, en effet, il est nécessaire que certains services, qui sont chargés de l'application de lois ou règlements spéciaux, qui ont une tradition administrative où ils puisent de précieux enseignements, ne soient pas entièrement dérobés à la tutelle des autorités métropolitaines qui leur transmettent leurs inspirations et leur jurisprudence. Et si cette considération n'est pas sans fondement, il paraît naturel d'en déduire que le pouvoir supérieur, qui a charge de veiller à la conservation des cadres de ces services, doit conserver la faculté de provoquer les mutations de colonie à colonie qui peuvent être la conséquence des besoins de chaque établissement. Ces mutations entraîneront sans doute des frais de voyages; mais outre que sous n'importe quel système, elles seront, en bien des cas, inévitables, elles présenteront cet avantage qu'elles contribueront à développer l'expérience des fonctionnaires, à compléter, par les études comparatives qu'ils auront pu faire, leur éducation administrative, à les rendre enfin plus aptes à s'acquitter utilement des obligations de leurs emplois.

3.

Nous parlons seulement ici de quelques divisions de l'administration civile. Quant au commissariat de la marine, qui est un corps militaire, et dont les attributions se rapporteront toujours à l'exercice de certains droits de l'État, nous ne comprendrions pas qu'il pût devenir purement local. Les intérêts de la marine ne sont pas autres dans les ports des colonies que dans ceux de la métropole; ils n'engagent pas moins, à l'un ou l'autre titre, les finances de l'Etat. Nous voudrions donc qu'au lieu d'accentuer, en cette matière, des dissemblances qui ne peuvent que nuire à l'unité de direction, si indispensable quand il s'agit des choses militaires, on s'attachât à réaliser, dans les conditions les plus équitables, cette fusion des cadres dont l'étude se poursuit depuis longtemps déjà dans les bureaux du ministère.

Il est entendu, nous le savons bien, que la transformation indiquée serait complétée, ou plutôt, facilitée, par une disposition qui exempterait les aspirants aux diverses carrières administratives des titres universitaires réclamés aujourd'hui. Une pareille concession n'est pas faite pour nous séduire; et nous doutons même que cette nouvelle application de la vieille formule « Bon pour les colonies » soit de nature à flatter les tendances de ceux qui en profiteraient. Ce n'est pas au moment où l'instruction publique a pris dans toutes nos possessions, sous une vigoureuse poussée de l'opinion, l'impulsion que l'on sait, qu'il peut être question de diminuer les conditions de capacité qui sont, à l'heure qu'il est, la sauvegarde d'un bon recrutement des administrations. Il existe, et il existera probablement toujours des carrières publiques fort honorables, où les jeunes créoles auront la liberté de se faire admettre sans avoir à produire, par exemple, le diplôme de bachelier qu'ils peuvent acquérir sans quitter leur pays ; mais appliqué à certains services qui exigent, par les matières qu'ils embrassent, un peu plus de préparation intellectuelle, le défaut de justification préalable des études universitaires ne tendrait qu'à faire baisser, sans profit pour personne, le niveau des connaissances générales.

VII

Nous avons essayé de réfuter des critiques qui nous ont paru, dans quelques-unes de leurs parties, aussi peu en rapport avec la situation réelle des colonies, qu'offensantes pour ceux à qui elles s'adressaient. Nous tenons à dire maintenant que nous sommes loin de considérer l'organisation coloniale comme étant arrivée au dernier degré de son perfectionnement. Il resterait sans doute beaucoup d'améliorations à y introduire, pour la mettre en harmonie avec les progrès accomplis dans nos institutions. La question est complexe, et nous ne sommes pas étonné que ceux qui l'ont abordée ne soient pas arrivés à coup sûr à présenter une formule qui impliquât la solution définitive de toutes les difficultés qu'elle soulève. Nous n'avons pas non plus la prétention d'en faire sortir tout d'une pièce un programme détaillé de réformes obligatoires dont l'application concilierait immédiatement toutes les antinomies. Nous voulons seulement, avant de clore cette trop longue réponse, exprimer à notre tour un simple avis sur la possibilité d'un remaniement des constitutions coloniales.

L'existence d'une colonie peut se diviser théoriquement en trois périodes successives : la période de l'exploitation, celle de la tutelle, et celle de l'émancipation. Le premier de ces âges est particulièrement long, particulièrement pénible à traverser, lorsqu'il s'agit d'une appropriation fondée sur la conquête, et non d'une occupation ayant entraîné le peuplement pacifique du territoire annexé. C'est alors que s'accusent avec plus ou moins de violence, en raison des temps et des mœurs, les dissemblances originelles que la prise de possession n'a point effacées, les conflits d'intérêts naissants, les abus de toutes sortes qui sont le résultat de l'absence ou de l'insuffisance des lois protectrices : la colonisation se fait en vue du seul intérêt d'une métropole, dont la principale préoccupation est de maintenir la prédominance de sa race. Puis, quand les antagonismes de la première époque se sont affaiblis, lorsque la vie commune a fait naître entre les hommes une certaine cohésion, quand l'établissement nouveau est arrivé à un degré de développement qui n'est pas encore son état définitif, mais qui s'en rapproche, la métropole modifie les conditions de son intervention : elle accorde aux habitants de sa dépendance des droits et des libertés mitigés ; elle leur constitue une sorte d'individualité restreinte qui les laisse soumis aux effets d'une surveillance attentive, en même temps qu'elle leur garantit les avantages, quelquefois chèrement payés, d'une assistance limitée. C'est la seconde période. — Enfin quand le temps a fait son œuvre, et que la civilisation de la mère patrie s'est implantée d'une manière complète dans la colonie désormais parvenue à sa maturité, alors commence la troisième époque. Suivant l'esprit du peu-

ple colonisateur, ses traditions séculaires, son organisation politique, il accorde à sa possession la liberté de
vivre de sa vie particulière, avec ses institutions, géné-
ralement calquées sur celles de la métropole, et ne s'at-
tache plus qu'à fortifier le lien moral et les relations
commerciales qui unissent les deux parties de la même
agglomération sociale ; ou bien il s'incorpore cette nouvelle parcelle, éloignée ou voisine, de son territoire, re-
culant ainsi, d'une manière plus effective, les bornes de
son unité nationale.

De là les deux systèmes de l'autonomie et de l'assimilation, que la Grece et Rome ont pratiqués diversement,
et que les deux grandes nations colonisatrices des temps
modernes, l'Angleterre et la France, appliquent à leur
tour, chacune d'après la tendance qui lui est propre.
L'Angleterre, où les théories politiques, arrêtées souvent
en chemin par des transactions, n'arrivent que lentement
à leurs dernières conséquences, a préféré le régime de
l'autonomie comme étant le plus approprié aux besoins
actuels de son immense empire d'outre-mer. Encore ne
l'a-t-elle pas également mis en vigueur sur tous les
points de ce domaine, et ne sait-on pas encore à quelles
transformations elle le soumettra. Le mode de formation
et l'importance plus ou moins grande des différentes colonies anglaises ont déterminé, en général, les Constitutions très variables dont ces établissements ont été pour-
vus. Les uns ne sont pas sortis, à proprement parler, de
l'état de tutelle ; ils sont restés, malgré leur organisation
spéciale, étroitement unis à la couronne, qui s'est réservé le droit d'exercer, directement ou indirectement,
une action prépondérante sur leur administration inté-
rieure ; d'autres ont reçu, avec des institutions parle-

mentaires fortement constituées, une liberté presque sans limite. Ce dernier régime a paru bon surtout pour les grands territoires, pour ceux du moins où le travail d'unification des mœurs doit être considéré comme achevé; et c'est ce qu'exprimait un ancien sous-secrétaire d'État au ministére anglais des colonies, en disant que le Canada, par exemple, ne pourrait obtenir la représentation au Parlement métropolitain qu'à la condition qu'il renonçât à son parlement local, et qu'il descendît au rang de simple dépendance comme Malte et Gibraltar, *ce qui ne conviendrait pas à une si importante colonie.* Il semble, en effet, que la politique d'autonomie, avec les initiatives et les responsabilités qu'elle entraine, ne peut trouver son application complète que dans des possessions assez vastes, assez riches en ressources naturelles pour subvenir d'abord elles-mêmes à toutes les nécessités de leur vie collective, et pour former plus tard, si les circonstances les y conduisent, des pays indépendants qui perpétueront, à travers les âges, la puissance civilisatrice de la patrie originelle. L'autonomie, dans ce cas, est une sorte d'initiation à l'indépendance, et d'illustres Anglais, notamment M. Gladstone, ont pensé que l'acceptation d'une telle conception n'avait rien qui dût alarmer l'amour-propre, cependant très caractérisé, de leur nation.

La France, au contraire, après des hésitations dont il faut chercher les causes dans ses changements successifs de gouvernement, s'est montrée disposée à adopter et à mettre progressivement en pratique la politique de l'assimilation. En ce qui concerne ses vieilles dépendances qui ont passé déjà par les deux premières phases de leur évolution, et où le sentiment patriotique, entretenu par une commune éducation sociale, est aussi développé qu'en n'importe quel lieu du continent, elle a dit hautement : plus de vaincus, plus de sujets, rien que des français! Et elle a manifesté, par une série d'actes, sa volonté de faire disparaître toutes les différences qui subsistent encore entre l'organisation de ces colonies et celles des départements du continent.

Cette politique n'est pas seulement la plus généreuse, la plus conforme à l'esprit de nos institutions républicaines et à l'état général de nos idées; elle est encore la mieux appropriée aux besoins des contrées auxquelles elle doit s'appliquer. Des possessions comme la Réunion, la Guadeloupe, la Martinique, sont, en effet, ou trop petites, ou trop dépourvues d'éléments matériels de prospérité, pour que livrées à leurs seules forces, elles puissent marcher, du même pas que leur mé ropole, dans la voie de progrès désormais ouverte à l'esprit moderne. Il faut donc, à moins de les considérer comme des pays voués à une incurable infériorité, à une sujétion sans fin, que cette métropole, après les avoir conduites aux dernières limites de leur développement, les fasse entrer dans son mouvement de civilisation, qu'elle les admette à vivre de sa vie, qu'elle les asssimile. Sans doute toutes les colonies ne doivent pas être appelées, quel que soient leur âge, quels que soient les diversités de mœurs qui s'y manifestent encore, à jouir d'une législation basée sur ce principe. C'est pour cela que des partisans de l'assimilation ont pu, sans renoncer à leurs doctrines, demander la création d'un ministère spécial où seraient centralisées les affaires des autres établissements, déjà nombreux et importants, que nous possédons dans toutes les parties du monde. Ils ont pensé que ces affaires étaient, à l'heure actuelle, ou allaient être bientôt, assez considérables pour occuper les soucis d'un département constitué, et que composées surtout d'intérêts civils, elles gagneraient à n'être plus placées dans les attributions d'un ministère militaire dont elles embarrassent les mouvements ou mettent en péril la responsabilité. Ils se sont demandé enfin si les principales conditions de l'assimilation qu'ils désiraient ne pourraient pas être réalisées par le ministère spécial, si même la réforme complète ne serait pas plus facilement préparée sous ce régime, et à défaut du rattachemsnt immédiat, pour les principales colonies, de tous les services à leurs départements respectifs, ils se sont ralliés à la combinaison qui semblait devoir leur offrir le plus sûrement les garanties qu'ils recherchaient.

Quant à nous, nous ne sommes pas de ceux qui disent: tout ou rien, et nous aimerions mieux que le *statu quo* pur et simple une solution moyenne où nous trouverions seulement les germes de quelques progrès. L'assimilation, d'ailleurs, ne se décrétera pas par un seul acte, mais sera le résultat d'améliorations successives qui peuvent être, dès à présent, déterminées avec plus ou moins de précision. Elle consisterait tout d'abord à soumettre au régime de la loi la plupart des matières qui, en France, sont réservées à l'autorité du Parlement. Cependant, sur ce point, elle ne serait pas exclusive d'une certaine spécialisation rendue nécessaire par le fait seul de l'éloignement géographique des colonies. Ceux qui la comprennent autrement ne la désirent pas, ou n'y ont pas suffisamment pensé. C'est ainsi qu'il ne paraîtrait pas possible que les tarifs de douane de la métropole fussent appliqués à des pays avec les besoins desquels ils ne seraient pas en rapport; des droits particuliers, s'ils étaient reconnus nécessaires, seraient votés pour ces pays. Il faudrait en dire autant de tous les autres impôts, qui ne seraient pas forcément les mêmes aux colonies que sur le continent. On procéderait, en un mot, au point de vue fiscal, à l'égard des colonies, à peu près de la même manière que pour la Corse et pour l'Algérie.

Le produit de tous ces impôts, à l'exception des taxes ayant un caractère communal ou départemental, serait inscrit au budget métropolitain, qui, par contre, prendrait charge de toutes les dépenses de la nature de celles qui incombent à l'État dans un département.

Sur toutes les mesures ayant pour objet un remaniement de l'assiette des contributions, les assemblées locales seraient au moins consultées.

L'application de ces règles nouvelles entraînerait un assez sensible amoindrissement des pouvoirs des conseils généraux. Ces assemblées le savent bien ; mais elles savent aussi sur quelles bases fragiles est assis l'édifice dont la garde leur est confiée; elles voient que malgré la réforme accomplie en 1866, et en dépit des besoins urgents dout l'importance s'accentue tous les jours, elles ne peuvent exercer que conditionnellement les attributions financières qui leur ont été concédées; elles pensent surtout que la loi de tous les Français vaut mieux qu'un sénatus-consulte, et quelque jalouses qu'elles puissent être de leurs prérogatives, elles ne le sont pas assez pour les préférer à l'intérêt public. Voilà les sentiments qui ont inspiré les votes plusieurs fois répétés par lesquels les conseils généraux de la Martinique et de la

Guadeloupe ont émis le vœu que ces pays fussent assimilés à la métropole. Si d'autres pensées, si des défiances non justifiées ont animé, comme M. Giraudeau le suppose, quelques-uns de ceux qui ont pris part à la manifestation de ce désir, il faut convenir que ce n'est pas dans ces défiances et ces arrière-pensées que s'est trouvée l'expression la plus désintéressée du patriotisme.

Nous continuons. Les conseils généraux gagneraient en autorité morale et en pouvoirs réglementaires ce qu'ils perdraient de leurs droits actuels en matière d'impôts; car nous admettons que par une décentralisation nécessaire, ils pourraient être appelés à concourir, avec les représentants locaux de l'autorité exécutive, à plus d'un acte qui reste encore aujourd'hui du domaine des décrets. Ils auraient, au surplus, à se prononcer sur différentes questions qui font l'objet des prévisions de la loi métropolitaine du 10 août 1871, tandis qu'elles ont été passées sous silence par le sénatus-consulte de 1866.

L'organisation administrative existante devrait être sérieusement transformée, et c'est par là peut-être qu'il faudrait commencer les innovations. D'après les anciennes ordonnances de 1825 et de 1827, que le sénatus-consulte de 1854 n'a point modifiées en cette partie, l'autorité suprême dans chaque colonie était exercée, comme nous l'avons dit, par un gouverneur qui représentait le souverain, et qui était revêtu de tout l'éclatant prestige de la monarchie. Ce personnage qui, dans l'esprit des actes organiques, avait à remplir une haute mission de direction et de contrôle, non de simples obligations administratives, était assisté de fonctionnaires d'un ordre élevé, agents directs de l'administration, dont la responsabilité couvrait légalement la sienne. Indépendamment de l'officier militaire commandant les troupes, ces fonctionnaires étaient autrefois au nombre de trois : l'ordonnateur, chargé des détails du service de la marine et de la centralisation des finances ; le directeur de l'intérieur, préposé à la gestion des affaires intérieures de la colonie ; le procureur général, placé à la tête des services judiciaires.

Un conseil privé composé des chefs d'administration ci-dessus désignés et de notables habitants, donnait des avis au gouverneur, et, dans les affairee contentieuses, statuait comme tribunal, avec l'adjonction de deux magistrats.

Le gouverneur prenait des arrêtés, sur la proposition des chefs d'administration ; il convoquait le conseil local, présidait, debout et couvert, à peu près comme l'eût fait le roi ou l'empereur, à l'ouverture des sessions de cette assemblée, et n'assistait pas aux travaux des séances.

Tout cela s'harmonisait assez bien avec l'ensemble des institutions qui régissaient la métropole il y a cinquante ans. Mais ces institutions ont été renouvelées daus leurs fondements, et l'organisation administrative dont nous venons de retracer les principales lignes est restée presque identiquement ce qu'elle était au temps des régimes monarchiques. Les seules modifications de quelque importance qu'elle ait subie depuis le rétablissement de la République ont consisté dans l'amoindrissement des attributions de l'administrateur de la marine, qui a cessé de faire partie du conseil privé, et dans l'augmentation, peut-être excessive de celles du directeur de l'intérieur ; les fonctions de commandant militaire avaient été supprimées dès 1854.

Des gouverneurs civils ont été, il est vrai, substitués un peu partout aux anciens gouverneurs militaires. C'est un progrès. Mais cette réforme, simple conséquence d'une ligne de conduite adoptée, n'aurait eu une importance réelle, qu'à la condition qu'elle eût fait du gouverneur un fonctionnaire agissant, dans tous les cas, sous sa propre responsabilité, et non plus une sorte de souverain constitutionnel, s'abritant plus ou moins derrière un chef d'administration. Or, sous ce rapport, le principe des ordonnances n'a pas été modifié; affaibli seulement par des applications contradictoires il est devenu inefficace, soit pour maintenir l'exacte délimitation de pouvoirs qui formait la base de l'ancienne législation, soit pour dégager suffisamment la responsabilité du chef d'administration. Il y a là une situation tourmentée, équivoque, qui contient le germe d'inévitables conflits, et qui, dans tous les cas, ne répond pas à la conception qu'on peut avoir d'un système de gouvernement bien équilibré,

Chacun des régimes qui se sont succédé en France a fondé une organisatisn coloniale à son image. Le moment est peut-être venu de se demander si la République ne doit pas s'efforcer à son tour de substituer au vieux cadre monarchique qui abrite encore les institutions de nos dépendances d'outre-mer, une constitution plus conforme à son principe et à ses fins. Il semble qu'il n'y aurait aucun inconvénient à ce que les gouverneurs fussent remplacés par des préfets qui auraient réellement, désormais, la plénitude d'action administrative, qui participeraient effectivement aux travaux des conseils généraux, au lieu de se contenter d'ouvrir solennellement leurs sessions, laissant à un autre fonc-

tionnaire le soin d'y défendre les intérêts du gouvernement, qui se présenteraient, enfin, complètement décou-
verts, devant le pays et devant le ministère. Cette
mesure affaiblirait peut-être un peu la fiction, bien
amoindrie déjà, qui soutient le prestige actuel de l'agent
du pouvoir exécutif; mais combien ne fortifierait-elle
pas son autorité réelle! combien ne mettrait-elle pas son
individualité en évidence!

Les préfets coloniaux pourraient, du reste, avoir, en
raison des nécessités de temps et de lieux, des pouvoirs
plus étendus que ceux des administrateurs des départements continentaux. Ce serait une application naturelle de cette décentralisation dont nous avons précédemment parlé.

En vain dirait-on que le maintien de l'état de choses
existant est nécessaire, à cause des dissidences qui peuvent se produire entre les différents services, et qui
trouvent leur solution immédiate dans l'intervention
pondératrice des gouverneurs. Pour qui connaît les
choses coloniales, il est certain que dans la plupart des
cas, les gouverneurs ne tranchent pas les contestations
de cette nature, et qu'ils se bornent à les soumettre au
ministère, avec lequel, grâce à la rapidité actuelle des
communications, ils entretiennent des relations cons-
tantes. On sait d'ailleurs que les conflits régulièrement
élevés aux colonies ne sont plus jugés par les conseils
privés, et qu'ils sont aujourd'hui soumis, comme ceux
de France, à la haute juridiction du tribunal des conflits.
Rien ne s'opposerait enfin, à ce que, nonobstant le rattachement des différents services à leurs départemeuts
ministériels, le préfet fut autorisé, pour la plus grande
facilité de l'expédition des affaires, à prendre, dans

certains cas, au nom de ces ministères, des décisions provisoires ou définitives.

La Justice, qui n'a déjà que peu de rapports avec l'administration coloniale, entrerait en possession de sa complète indépendance. Elle serait organisée comme en France, et relèverait directement du ministère compétent. Ainsi disparaîtrait cette anomalie, qui a consisté à maintenir, à côté de la grande magistrature française, une petite magistrature révocable et amovible, comme si les intérêts des justiciables n'étaient pas partout les mêmes, et ne devaient pas être entourés des mêmes garanties dans tous les pays soumis à l'application intégrale de nos codes! Nous n'entendons pas ici prendre parti sur la question très grave et très controversée de l'amovibilité ou de l'inamovibilité de la magistrature : nous réclamons seulement, pour les colonies, l'application du principe, quel qu'il soit, de la loi métropolitaine.

Le chef de la justice pourvoirait, en vertu de la délégation du garde des sceaux, aux mouvements intérieurs qui pourraient être motivés par les besoins du service.

Quant au directeur de l'Intérieur, dont les moyens d'action ne sont plus en rapport avec ses responsabilités et l'importance de ses fonctions, il ferait place à un secrétaire général dépouillé de tous pouvoirs propres, et dont la mission consisterait à exécuter les ordres du préfet, à le suppléer en cas d'empêchement, à diriger, sous l'inspiration de son supérieur, les travaux des divers bureaux. Ces attributions suffiraient encore très amplement à l'activité d'un homme.

L'institution un peu vieillie du conseil privé ne devrait pas être maintenue. Ce conseil, dont les attributions ont été considérablement élargies depuis le décret du 5 août 1881 sur le contentieux administratif des colonies, ne présente pas, eu égard à la multiplicité des affaires qu'il est appelé à examiner ou à juger, toutes les garanties d'une bonne organisation. Outre que les fonctionnaires qui en font partie sont détournés, par ce fait, d'occupations qui réclameraient tout leur temps, il est douteux que ce soit une bonne chose de faire concourir des magistrats de l'ordre judiciaire aux décisions de l'autorité administrative; et ce n'est pas méconnaître les lumières ni l'esprit de dévouement des notables habitants, que de dire qu'ils ne peuvent pas toujours avoir la compétence spéciale et les loisirs que suppose la qualité de membres actifs d'un pareil conseil. La création de conseils de préfecture constitués d'après les mêmes règles qu'en France paraîtrait donc une nécessité.

Enfin, s'il nous était permis d'introduire une opinion rétrospective dans un débat qui a fait, il y a quelque temps, un certain bruit, nous dirions volontiers que nous n'apercevons pas la raison qui nécessiterait le maintien, entre les mains d'un administrateur civil, gouverneur ou préfet, du commandement supérieur des troupes. Cette attribution, qui constituait une des prérogatives les plus importantes des anciens gouverneurs militaires, se justifie d'autant moins aujourd'hui, qu'elle n'est plus, on peut bien le dire, exercée d'une manière effective. Il nous semble que l'autorité militaire, dans une colonie comme dans un département, peut exister sans danger à côté de l'autorité civile. Le droit de réquisition, strictement défini et limité par la loi, laisse aussi peu de place que le lien d'une hiérarchie factice, aux empiétements et aux abus de pouvoirs que le seul sentiment du devoir ne suffirait pas à prévenir. Nous voudrions donc qu'on laissât au préfet colonial le soin des affaires civiles, et aux hommes compétents placés à la tête des troupes, celui des affaires militaires.

Telles seraient, indiquées dans leur ensemble, les transformations qui résulteraient de l'assimilation aussi complète que nous pouvons la concevoir. Si ces transformations étaient jugées susceptibles d'une réalisation plus ou moins prochaine, il est évident que la question du ministère spécial perdrait une grande partie de son importance. On pourrait même alors, sans crainte de mécontenter les adversaires les plus avancés de l'autonomie, considérer le rattachement au ministère du commerce, ou le maintien du sous-secrétariat d'État existant au ministère de la marine, comme répondant suffisamment, quant à présent, à tous les besoins des colonies non assimilables.

Mais dans le cas où ces réformes sembleraient destinées à rester à l'état de pure théorie, il conviendrait de rechercher par quels moyens les anciennes colonies pourraient être amenées aux améliorations organiques qui ne paraissent plus devoir leur être refusées. C'est là surtout que se manifesterait la nécessité d'un ministère spécial qui centraliserait encore l'administration de toutes les possessions, mais à qui incomberait le soin de donner à chacune d'elles la Constitution qui lui conviendrait le mieux. Dans ce système, comme dans celui de l'assimilation complète, toutes les modifications du régime administratif que nous avons indiquées pourraient être réalisées. Toutefois, l'unification financière, qui aurait été la condition essentielle du rattachement des services aux ministères compétents, ne s'accomplirait pas. L'intervention plus directe de l'État dans les affaires locales pourrait seulement être assurée par l'adoption d'une combinaison un peu analogue à celle de la loi du 25 juin 1841, mais dégagée de toutes complications inutiles, et qui consisterait à faire un partage, entre la métropole et les colonies, des charges et des revenus qui restent aujourd'hui exclusivement propres à celles-ci : l'État se séserverait les produits de certains impôts dont les règles de perception sont empruntées aux lois financières de France, et supporterait, en retour, les dépenses de divers services essentiels, tels que ceux de l'instruction publique, de la justice, de l'administration générale, des ports, etc.

Si, tout cela était impossible, ce que nous sommes loin d'admettre, pour notre part, il faudrait en conclure, quelque douloureux qu'il soit de renoncer à des espérances longtemps caressées, que la politique d'assimilation n'a pas de lendemain ; il faudrait alors, les deux grandes conquêtes du suffrage universel et de la Représentation au Parlement étant sauvegardées, entrer hardiment dans les voies de l'autonomie, fortifier les pouvoirs des gouverneurs, restaurer l'institution des chefs d'administration, développer davantage les attributions des conseils généraux, donner enfin à des pays qui n'attendraient plus rien de la mère-patrie, les moyens d'utiliser, à leurs risques et périls, les éléments suffisants ou insuffisants de leur prospérité.

La situation présente ressemble peu à l'autonomie, et n'est pas encore l'assimilation ; elle ne peut être qu'un état transitoire ; il est temps d'opter définitivement entre l'une et l'autre solution.

AL. ISAAC.

Paris, — Imp. A. BATAILLE, rue du Marché-des-Patriarches, 1.

Paris, — Imp. A. BATAILLE, rue du Marché-des-Patriarches, 1.